C.-F.-M. TEXIER

# PANTHÉON DE LA LÉGION D'HONNEUR

PAR

## M. AMÉDÉE BOUDIN

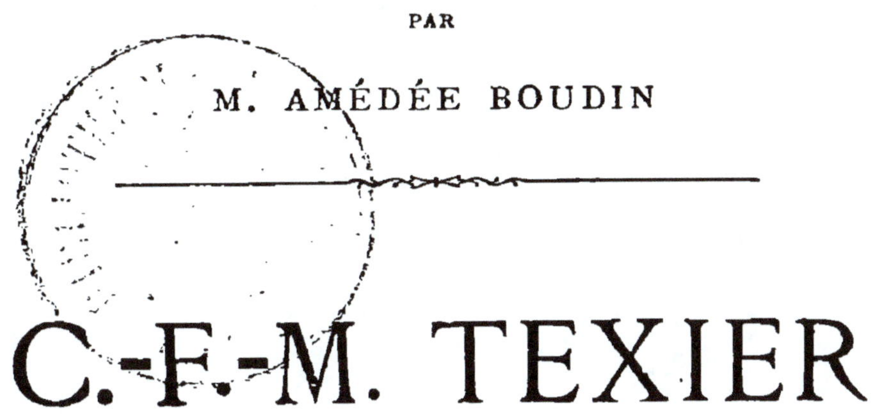

# C.-F.-M. TEXIER

Membre de l'Institut

Chevalier de la Légion d'honneur.

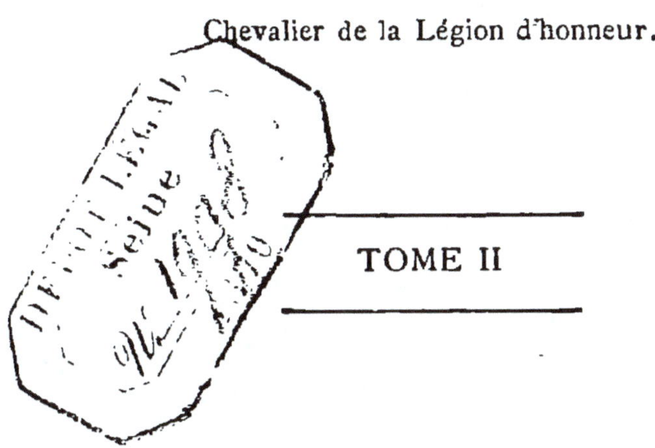

TOME II

# PARIS

**BUREAUX : 5, PASSAGE CHAUSSON**

(Boulevard Magenta)

—

1870

# C.-F.-M. TEXIER

TEXIER (Charles-Félix-Marie), archéologue et architecte, membre de l'Institut, chevalier de la Légion d'honneur, né à Versailles le 29 août 1802, appartient à une ancienne famille de robe dont l'ancêtre, *Germain Texier*, était maître des comptes en 1588 sous Henri IV (1).

(1) La généalogie de cette famille se trouve dans un ouvrage intitulé : *Tablettes historiques, généalogiques et chronologiques* (Paris, Legras, salle du Palais, 7 vol. in-12, 1749-1753 ; t. IV, p. 322, 410, et t. VI, p. 64, 146.

Son père, né le 2 décembre 1759, vint exercer la médecine à Versailles, où il épousa, en 1786, Marie-Élisabeth de Lorme, filleule de Mme Élisabeth, et fille de M. de Lorme, écuyer du roi. Il était médecin de la maison du roi Louis XVI depuis 1787, quand la Révolution vint renverser ses espérances d'avenir. Pour échapper à une menace d'arrestation, M. de Lorme dut gagner la frontière; ses biens furent confisqués et vendus révolutionnairement. M. Texier, resté à Versailles, s'était chargé de la correspondance royaliste ; mais il fut dénoncé, puis emprisonné, et ne recouvra sa liberté que par l'influence d'un conventionnel, Bernard Saint-Affrique, auquel il avait rendu quelques services. En 1794, le beau-père et le gendre revinrent habiter Versailles, et, en 1806, lorsque le général Caulaincourt forma la maison de l'empereur Napoléon, presque tous les anciens écuyers de Louis XVI furent appelés à en faire partie. M. de Lorme, spécialement chargé des remontes, achetait et faisait dresser tous les chevaux de bataille de l'Empereur.

M. Texier fut nommé médecin de la maison civile et des pages de Sa Majesté, et reçut, en 1814, la croix de chevalier de la Légion d'honneur. Cruellement averti par l'adversité qu'une solide éducation, et, une carrière indépendante, mettraient ses enfants à l'abri des vicissitudes de la vie, il ne recula devant aucun sacrifice dans l'intérêt de leur avenir. L'aîné de ses trois fils, son successeur dans l'exercice de sa profession, mourut en 1847, médecin de la maison du roi et de la maison de la Légion d'honneur, et chevalier de l'ordre depuis plusieurs années.

Le plus jeune, Louis Texier, a parcouru au ministère de la guerre une longue carrière pleine d'honorables services, et s'est retiré chevalier de la Légion d'honneur.

Charles Texier, objet de cette notice, après avoir achevé ses humanités, faites en partie dans la maison paternelle, étudia les mathématiques sous le célèbre Rouby, la chimie sous Vauquelin et Thénard, le grec avec Jules David, l'anatomie et la physiologie avec les amis de son père ; études variées, que lui rendit faciles une mémoire si prodigieuse, qu'à quatorze ans il parlait parfaitement l'allemand. Or, comme depuis l'âge de sept ans, l'équitation, que son grand-père plaçait en première ligne, était comprise dans le programme de son éducation, on comprendra sans peine que le jeune Texier fut admirablement préparé pour ces expéditions lointaines, qui devaient exiger autant de savoir que de vigueur physique.

A vingt ans, il n'avait encore fait choix d'aucune carrière ; mais d'après le conseil de M. Fontaine, et toutefois sans abandonner l'étude de ses auteurs classiques, il entra, en 1823, à l'École des Beaux-Arts. Le célèbre architecte, dont les savantes leçons devaient lui profiter si largement par la suite, lui répétait souvent : « Étudiez surtout les

monuments et gardez-vous bien du pon-
cif académique. » Dès 1824, M. Texier
commençait à dessiner et à mesurer les
anciens monuments de la France, d'autant plus délaissés alors que l'on re-
gardait comme un reste de barbarie tout
ce qui tenait à l'art du moyen âge. Il
entreprit quelques excursions à l'étran-
ger et acquit ainsi, pour juger et mesurer rapidement les monuments de
toutes les époques, une habitude et un
coup d'œil qui lui firent de suite une
sorte de réputation.

Devenu inspecteur des travaux de
Paris, il présenta, en 1825, au ministre
de l'intérieur un rapport sur la conservation et la recherche des monuments
antiques, et fut chargé, en 1826, d'un
projet de restauration de l'arc de triom-

phe antique de Reims. Ce projet parut au Salon de la même année.

En 1827, le ministre de l'intérieur confia à M. Texier le déblaiement et l'étude des antiquités du port de Fréjus, si célèbre du temps des Romains sous le nom de *Forum Julii;* et plus tard l'étude des ruines du port d'Ostie. Ces travaux avaient surtout pour but de déterminer la persistance du niveau de la Méditerranée, dont, à cette époque, on n'était pas encore assuré. Ce fait a été constaté par la suite dans tous les ports antiques des Romains. Il n'y a que ceux qui sont situés à l'embouchure des fleuves qui soient ensablés. Les mémoires avec les plans à l'appui furent envoyés par le ministre à l'Institut, qui décerna successivement à l'auteur les

deux premières médailles d'or accordées
en 1831 et 1832 au concours des antiquités.

Chargé, comme architecte du gouvernement, de travaux de restauration
d'Eglises, M. Texier rédigea plusieurs
mémoires sur les antiquités de Riez, de
Vernègue, etc. Une partie de ces documents a été publiée dans les Recueils
de l'Institut; les autres sont restés iné-
dits.

En 1833, à son retour d'Italie, notre
savant, qui avait depuis plusieurs années réuni de nombreux matériaux
pour une exploration de la contrée jusqu'alors presque inconnue de l'Asie-
Mineure, en soumit le projet à M. Guizot, ministre de l'instruction publique.
Les différentes sections de l'Institut s'y

associèrent et fournirent à l'auteur tous les documents en leur possession pour mener à bonne fin une entreprise qui n'avait encore été tentée que dans des limites fort restreintes. Le ministre, empêché de mettre le moindre crédit à la disposition du voyageur, lui en promit un pour l'année suivante ; mais toute cette partie de l'exploration, quoique exécutée sous les auspices du gouvernement, fut en réalité faite aux frais de M. Texier, comme cela fut attesté plus tard à la Chambre des députés. Le concours de l'administration se borna à des lettres de recommandation du ministre des affaires étrangères, M. le duc de Broglie, pour l'ambassadeur de France et pour nos consuls en Orient ; et du ministre de la Marine, M. de Rigny, pour que l'amiral Hugon, commandant des forces navales dans ces parages, mît à la disposition de M. Texier des bâtiments pour visiter les côtes.

Le sultan fit à notre courageux compatriote l'accueil le plus distingué. Tous les monuments publics de Constantinople, les bibliothèques, les mosquées, où les chrétiens avaient à peine osé pénétrer jusqu'alors, lui furent ouverts. Il put lever les plans de tous ces édifices, ainsi que des églises byzantines, et notamment de Sainte-Sophie, dont on ne connaissait que quelques plans incomplets pris à la dérobée.

Le premier voyage de M. Texier en Asie, eut des résultats inespérés par le nombre des villes importantes dont il détermina la position ; nous citerons en particulier la découverte des deux branches du fleuve Sangarius et de la ville de Pessinonte, vainement cherchée par tous les anciens voyageurs, et qui est, pour ainsi dire, la clef de la géographie de l'Asie-Mineure, puisqu'elle permet de rectifier la carte d'une manière tout à fait inattendue. Un autre résultat de ce voyage fut la découverte de la ville et des sculptures de Pterium a Boghaz-Keui. Les dessins, que M. Texier envoya à Paris, eurent un grand retentissement parmi les savants ; un professeur en fit connaître dans son cours, toute l'importance, en disant : « C'est une source de découvertes dont nul ne peut prévoir la portée. » Et en effet, la

·découverte de Ninive eut lieu quelques années après.

Toutes ces excursions dans des contrées où, de temps immémorial, on n'avait pas vu d'Européens, n'offrirent à M. Texier aucune difficulté, ni aucun danger. Loin de là ; les habitants se disputaient le plaisir de lui donner une cordiale hospitalité. Aussi, plus heureux que ses prédécesseurs, à qui, paraît-il, les obstacles et les périls n'avaient pas fait défaut, notre voyageur eut il hâte d'apprendre aux savants de l'Europe que désormais l'Asie-Mineure était ouverte à leurs investigations. C'est assurément de ce premier voyage que date l'exploration sérieuse de cette contrée lointaine. Les entreprises, soit des Anglais, à qui la science est redevable de travaux importants, soit des Allemands, particulièrement attachés à la géographie, soit enfin des Russes, dont l'histoire naturelle a été la principale préoccupation, sont toutes postérieures à cette époque.

Cependant, si M. Texier eut à se féliciter largement du succès de sa mission, au point de vue honorifique, il fut loin de s'en trouver aussi satisfait au point de vue matériel. En faisant face, non sans peine, aux dépenses considérables que nécessitaient un nombreux personnel, les chevaux et les fouilles à faire dans certaines villes, il lui fallait souvent appliquer à ses besoins personnels une économie qui nuisait à sa santé ; si bien qu'atteint, à Konieh, d'une maladie grave, il fut obligé de traverser le Taurus dans cet état, et vint tomber mourant chez le pacha d'Adalia, qui lui fit prodiguer tous les soins imaginables.

Nous ne suivrons pas M. Texier dans son second voyage, dirigé sur les côtes du Sud, avec un bâtiment de guerre. Il explora la Lycie, dont les habitants passaient pour être extrêmement féroces; il visita la Pamphylie, et ces provinces lui offrirent des villes antiques, riches en monuments et complètement inhabitées. Enfin, le troisième voyage, qui eut lieu à la fin de 1836 et au commencement de 1837, eut pour but de traverser toute la presqu'île de Tarsous à Trébizonde, en remontant le cours de l'Euphrate.

Pendant ce dernier voyage, particu-

lièrement riche en observations géographiques, M. Texier présenta au sultan un projet de construction d'école
militaire pour Constanstinople, que lui
avait demandé le séraskier Khosrew-
Pacha ; il y joignit un projet de règlement d'études, analogue à ceux des
écoles militaires de France, et remit,
en outre, au sultan Mahmoud plusieurs
documents relatifs aux événements qui
se passaient, en 1835 et 1836, dans les
régions traversées par le mont Taurus,
où Méhémet-Ali se fortifiait vigoureu-
sement. Aussi reçut-il, au moment de
son départ, la plaque en brillants de
l'ordre du Nichan-Iftikar, comme gage
des remercîments de Sa Hautesse.

Les découvertes signalées par M.
Texier, le grand nombre de villes anti-

ques dont il avait enrichi la carte
d'Asie, excitèrent en France un tel intérêt, que la Chambre des députés, sur
l'initiative du baron Baude, vota spon-
tanément un crédit de 12,000 francs
pour aider le voyageur à poursuivre
ses explorations ; et, l'année suivante,
la commission du budget, sur un rapport très favorable, proposa de continuer
cette allocation.

De retour en France, notre savant
présenta au ministre de l'instruction
publique, M. Guizot, un projet de publication, appuyé par les rapports de
trois académies de l'Institut, qui re-
connaissaient au travail de M. Texier
l'immense mérite de documents plus
complets et plus nombreux que tous
ceux dus jusqu'à ce jour aux explora-

tions de ses prédécesseurs. La Chambre des députés s'associa chaleureusement à la proposition du ministre, et un crédit de 100,000 francs fut voté pour la publication de cette œuvre magistrale, qui, sous le titre de « *Description de l'Asie-Mineure* (trois volumes in-folio), contient avec le texte de nombreuses planches, des cartes géographiques et des inscriptions grecques. Ajoutons, à l'honneur de l'auteur, qu'il a accompli ce tour de force d'exécuter seul son ouvrage. C'est lui qui seul a dessiné et mesuré les monuments, rédigé les textes et traduit les inscriptions.

Mais jugeant, par l'étude de tous ses documents, que sa tâche était loin d'être terminée; qu'il lui restait à exhumer de la poussière des siècles de nombreuses

villes encore ignorées, l'intrépide voyageur repartit en 1839. Cette fois, il était
accompagné de plusieurs savants, notamment du comte de La Guiche, offi-
cier d'état-major, et du comte Jaubert,
qui préludait alors, dans cette excur-
sion, au grand ouvrage qu'il devait publier en 5 volumes in-4°, sous ce titre :
*Illustrationes plantarum Orientalium.*
M. Texier parcourut l'Arménie, la Mésopotamie et la Perse, où il dessina les
ruines de Persépolis, et il revint, en
remontant l'Euphrate, par la Babylo-
nie, le Diarbekir, la Syrie et l'Égypte.

L'opération la plus difficile et la
plus fatigante, qu'il eut le bonheur
d'accomplir, fut le nivellement barométrique du plateau de la Perse depuis
Trébizonde jusqu'au golfe Persique ; il

est cité par plusieurs auteurs anglais comme le seul voyageur qui ait exécuté un si grand projet sans avoir cassé son baromètre. Ce voyage dura deux ans, et à son retour, trois ministères, ceux de la Guerre, de l'Intérieur et de l'Instruction publique, fournirent les fonds nécessaires à la publication de son ouvrage en 2 volumes in-folio : *L'Arménie, la Perse et la Mésopotamie.*

En 1842, M. Texier retourna pour la troisième fois en Asie, avec la mission, confiée par le comte Duchâtel, ministre de l'Intérieur, d'aller spécialement en Ionie, pour recueillir les marbres du temple de Diane Leucophryne à Magnésie du Méandre. Ces monuments, composés de 80 mètres de frises, font l'or-

nement d'une salle entière du musée du
Louvre.

Nommé, en 1843, commissaire royal
près des établissements des Beaux-Arts,
M. Texier, pendant les deux ans d'exercice de ses fonctions, prépara les rè-
glements des Écoles de Lyon, de Dijon
et de Toulouse, et, avec l'aide d'une
commission, le règlement de l'Académie de France à Rome, qui fut en vigueur jusque dans ces derniers temps.

En 1845, il fut désigné par le maré-
chal Soult, pour l'inspection générale
des bâtiments civils de l'Algérie ; mais
il fallut les plus vives instances, pour
le décider à accepter un poste qui exi-
geait une activité sans relâche dans un
pays d'une aussi vaste étendue, une
connaissance profonde des mœurs des

peuples d'Orient, et une grande habileté à distinguer les monuments antiques. Comme la conservation de ces derniers entrait dans ses attributions, notre savant, souvent obligé d'aller bien au delà des avant-postes, parcourut plusieurs fois l'Algérie depuis Tlemcen jusqu'à La Calle, et depuis Philippeville jusqu'au Sahara, dont il dessina tous les monuments. Il fit également le nivellement barométrique depuis la mer jusqu'aux oasis, et reconnut avec étonnement que le bassin du Sahara, au sud de Biskra, était à trente mètres audessous du niveau de la mer. Cette observation, communiquée à l'Académie des sciences, rencontra beaucoup d'incrédules; mais, l'année suivante, l'ingénieur des mines, chargé de recommencer l'opération, trouva même, en poussant plus au sud, un affaissement de soixante-dix mètres. Le fait est aujourd'hui prouvé.

M. Texier continua ses fonctions d'inspecteur général jusqu'en 1859. De retour à Paris, à cette époque, il fut nommé membre de l'Académie des inscriptions et belles-lettres, en remplacement de M. Barchou de Penhoën. Il reprit ses travaux littéraires en 1862, et publia, dans la collection Didot, un ouvrage sur la géographie de l'Asie-Mineure. Ce magnifique travail, qui contient la matière de trois volumes in-4°, est devenu classique comme le meilleur guide des voyageurs dans cette contrée.

En 1864, M. Texier accepta, d'un éditeur de Londres, la proposition de publier ses documents byzantins, et fit simultanément deux éditions, l'une en anglais, avec la collaboration de M. P. Pullan, l'autre en français, avec de nombreuses planches, remarquables par le luxe extrême de leur exécution. En moins de deux ans, ces deux éditions furent épuisées. A la même époque, l'auteur fut nommé membre honoraire de l'Institut royal des architectes britanniques, et, sur la proposition de ce corps savant, reçut de la reine Victoria la grande médaille royale qui ne se décerne que tous les trois ans à l'architecte ou au savant qui a rendu le plus de services à la science des constructions.

Parmi les nombreuses publications que M. Texier a fournies aux Revues les plus en renom, nous en citerons une qui fit beaucoup de bruit par la hardiesse et la nouveauté de ses affirmations, c'est le rapport qu'il fit à l'Académie des sciences, en mars 1837, au sujet de la contagion de la peste. Bien souvent mis à même d'étudier le caractère des épidémies de toute sorte en Orient, il a reconnu que la contagion de la peste est moins dangereuse qu'on ne le pensait autrefois, et que l'assainissement des localités, surtout l'isolement des malades la rendaient presque impossible.

Son opinion a si bien triomphé des anciens préjugés sur cette question, que les médecins d'Orient s'y sont ralliés presque tous (1). En effet, le régime des quarantaines, si rigoureusement observé, il n'y a pas encore bien longtemps, n'est plus qu'exceptionnellement appliqué de nos jours. On aura une idée de l'immense avantage qui en est résulté pour le commerce, quand on se souviendra que l'intendance sanitaire de Marseille avait en caisse, la somme de huit cent mille francs prélevée sur les quarantaines et dont elle ne rendait compte à personne. Le ministre des finances, M. Humann, informé de ce fait, a fait réintégrer cette somme au trésor.

M. Texier possède en portefeuille de précieux documents que l'état de sa

_______________

(1) Voyez surtout l'ouvrage du D<sup>r</sup> Peuner : *Ist denn die Pest ein ansteckendes Uebel.*

santé, fort altérée par les fatigues multipliées d'une vie active, l'empêche malheureusement d'utiliser au profit de la science.